L'autobus magique

dans le corps humain

Texte de Joanna Cole
Illustrations de Bruce Degen

Texte français de Lucie Duchesne

Les éditions Scholastic

Données de catalogage avant publication (Canada)

Cole, Joanna
L'autobus magique dans le corps humain

Traduction de : The magic school bus inside the human body.
ISBN 0-439-00493-4

1. Corps humain – Ouvrages pour la jeunesse. I. Degen, Bruce.
II. Duchesne, Lucie. III. Titre.

QP37.C6414 1999   j612   C99-930867-X

Pour toute information concernant les droits, s'adresser à Scholastic Inc., 555 Broadway, New York, NY 10012.

Édition publiée par Les éditions Scholastic, 175, Hillmount Road, Markham (Ontario) Canada, L6C 1Z7.

4 3 2 1   Imprimé au Canada   0 1 2 3 4

Pour Craig de Joanna et Bruce

Nous allons étudier notre corps. Tiens, cela devrait t'intéresser, Jérôme...

Tout a commencé quand Mme Friselis nous a montré un film sur le corps humain. Nous savions que les problèmes allaient commencer parce que nous connaissons Mme Friselis : c'est le professeur le plus bizarre de l'école.

Mon herbivore préféré

Mon carnivore préféré

Mais pourquoi moi?

Mon omnivore préféré

NOTRE CORPS EST FAIT DE CELLULES
par Sarah

On dirait que notre corps est fait tout d'une pièce, mais en fait, il est composé de trillions de petits morceaux appelés cellules.

Mon corps est fait de trillions de cellules.

Le mien aussi!

Le lendemain, Frisette nous a demandé de faire une expérience sur notre propre corps.

REGARDE TES CELLULES
La plupart des cellules sont si petites que nous pouvons les voir seulement au microscope.

① Racle doucement l'intérieur de ta joue avec un cure-oreille.

② Dépose une goutte d'eau sur une lamelle et trempes-y le cure-oreille.

③ Ajoute une goutte de solution iodée pour colorer les cellules.

④ Place la lamelle sous le microscope : tu verras tes cellules.

Ho! Ho! Bizarre!

Puis, elle a annoncé que nous allions faire une visite au musée des sciences. Nous allions voir une exposition sur la façon dont notre corps tire de l'énergie des aliments que nous mangeons.

Vos cellules ont besoin d'énergie pour que vous puissiez grandir, bouger, parler, penser et jouer.

Le seul fait d'être dans la classe de Mme Friselis prend toute mon énergie.

Cellule de prison

À CHAQUE TYPE DE CELLULE SON TRAVAIL
par Grégoire

Les cellules des poumons t'aident à respirer.

Les cellules des muscles t'aident à bouger.

Ode aux pizzas

Les cellules du cerveau t'aident à réfléchir.

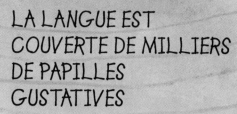

LA LANGUE EST COUVERTE DE MILLIERS DE PAPILLES GUSTATIVES

par Jérôme

À différents endroits de la langue, quatre types de papilles gustatives te permettent de discerner différentes saveurs.

Amer

Sur

Salé

Sucré

Savais-tu que le milieu de ta langue n'a pas de papilles gustatives?

Cette excursion avait commencé comme toutes les autres. Nous sommes allés au musée dans le vieil autobus scolaire. En chemin, nous nous sommes arrêtés dans un parc pour manger.

De vieux bâtonnets de poissons?! Beurk!

Je t'échange ces superbâtonnets de poisson contre ce vieux sandwich aux bananes et au beurre d'arachide.

Non merci!

Regarde ses souliers!

S'il te plaît! Je mange!

Quand il a été temps de partir, tout le monde est remonté dans l'autobus — tout le monde, sauf Jérôme. Il était toujours assis à la table de pique-nique, en train de rêvasser tout en grignotant des bâtonnets au fromage.

Votre corps <u>digère</u> les aliments que vous mangez, et vos cellules les utilisent pour fabriquer de l'énergie.

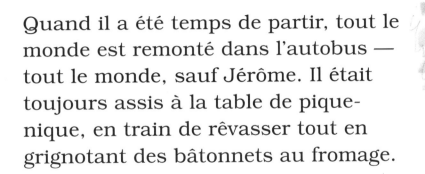

LE CORPS A BESOIN DE BONS ALIMENTS
par Mathilde

Pour avoir plein d'énergie et t'assurer une bonne croissance, mange beaucoup de :

céréales et pâtes alimentaires à grains entiers

fruits et légumes frais

<u>Mange en plus petites portions</u>

lait et produits laitiers

viande maigre, poisson volaille et oeufs

Et pas trop d'aliments vides!

VOCABULAIRE SCIENTIFIQUE
par Hélène-Marie

Le mot «digestion» vient du latin <u>digerere</u>, distribuer. Lorsque les aliments sont digérés, ils sont divisés en morceaux de plus en plus petits.

«Dépêche-toi, Jérôme!» lui a crié Mme Friselis. En voulant prendre la clé de contact, elle a appuyé sur un drôle de petit bouton.

Ce Jérôme! Il ne pense qu'à manger.

Instantanément, nous avons commencé à rapetisser et à tournoyer dans les airs.

De l'intérieur, nous ne pouvions pas voir ce qu se passait. Nous avons senti que nous atterrissions brusquement...

GLOUP! Hé, mais où est l'autobus?

et que nous descendions dans un tunnel tout noir. Nous n'avions aucune idée de l'endroit où nous étions. Mais comme d'habitude, Mme Friselis le savait, elle. Elle nous a donc appris que nous étions à l'intérieur d'un corps humain et que nous descendions le long de l'œsophage, ce tube qui relie la gorge à l'estomac. Mais la plupart d'entre nous étions trop inquiets d'avoir abandonné Jérôme pour prêter attention à ce qui se passait.

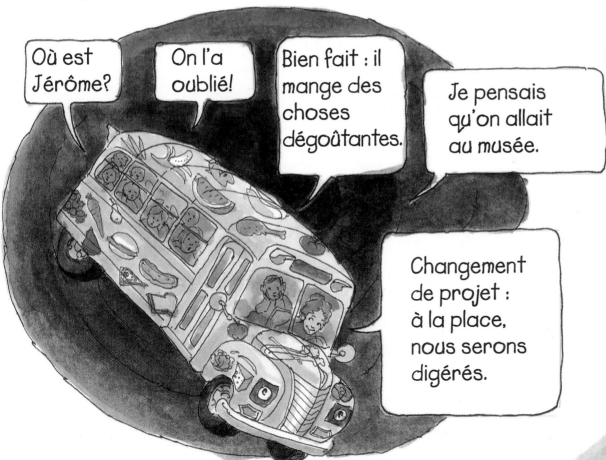

Où est Jérôme?

On l'a oublié!

Bien fait : il mange des choses dégoûtantes.

Je pensais qu'on allait au musée.

Changement de projet : à la place, nous serons digérés.

LES ALIMENTS PASSENT PAR L'ŒSOPHAGE AVANT D'ARRIVER À L'ESTOMAC
par Catherine

Les aliments ne descendent pas tout seuls. Ils sont poussés tout le long du parcours par des contractions musculaires, un peu comme le dentifrice est poussé hors du tube. C'est pourquoi tu peux avaler même si tu as la tête en bas.

LES MUSCLES SE CONTRACTENT POUR POUSSER LES ALIMENTS VERS TON ESTOMAC.

POURQUOI TON ESTOMAC GARGOUILLE?
par Philippe

Parfois, même si ton estomac est presque vide, il continue à broyer les aliments. C'est alors que les gaz de ton estomac produisent des gargouillis.

«Nous traversons l'estomac», a prévenu Mme Friselis. Ce n'était pas le calme plat là-dedans, au contraire. Les parois de l'estomac se dilataient et se contractaient, brassant et transformant la nourriture en une sorte de liquide épais. L'autobus tournait en rond, et les sucs digestifs éclaboussaient les vitres. Maintenant, nous savions quel était le sort de tous les aliments.

Notre estomac est une sorte de robot culinaire. GLOUP!

Fermez les fenêtres, les enfants!

Pouah!

Mᵐᵉ Friselis nous a conduits au fond de l'estomac. «Nous allons pénétrer par cette ouverture pour arriver dans l'intestin grêle», dit-elle.

Dans l'intestin grêle, les aliments sont transformés en molécules assez petites pour que les cellules du corps les utilisent.

Je veux ma maman!

Mais c'est très instructif!

Les choses instructives doivent-elles être salissantes?

Je ne me sens pas bien. Ce doit être ce que j'ai mangé.

Pauvre petit!

13

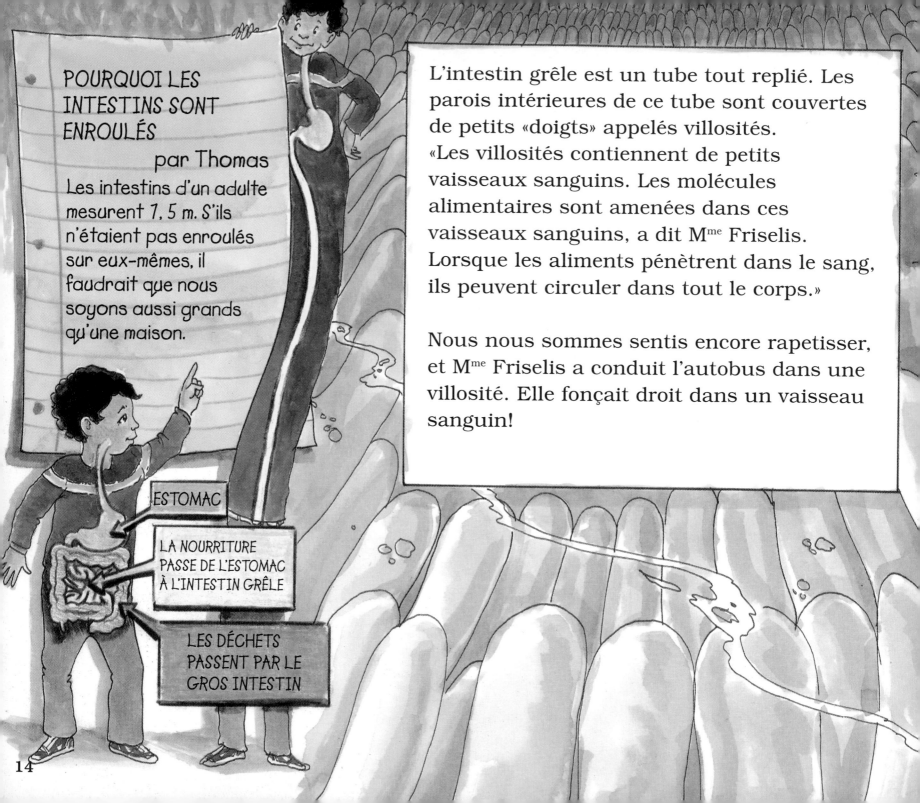

POURQUOI LES INTESTINS SONT ENROULÉS

par Thomas

Les intestins d'un adulte mesurent 7, 5 m. S'ils n'étaient pas enroulés sur eux-mêmes, il faudrait que nous soyons aussi grands qu'une maison.

ESTOMAC

LA NOURRITURE PASSE DE L'ESTOMAC À L'INTESTIN GRÊLE

LES DÉCHETS PASSENT PAR LE GROS INTESTIN

L'intestin grêle est un tube tout replié. Les parois intérieures de ce tube sont couvertes de petits «doigts» appelés villosités. «Les villosités contiennent de petits vaisseaux sanguins. Les molécules alimentaires sont amenées dans ces vaisseaux sanguins, a dit Mme Friselis. Lorsque les aliments pénètrent dans le sang, ils peuvent circuler dans tout le corps.»

Nous nous sommes sentis encore rapetisser, et Mme Friselis a conduit l'autobus dans une villosité. Elle fonçait droit dans un vaisseau sanguin!

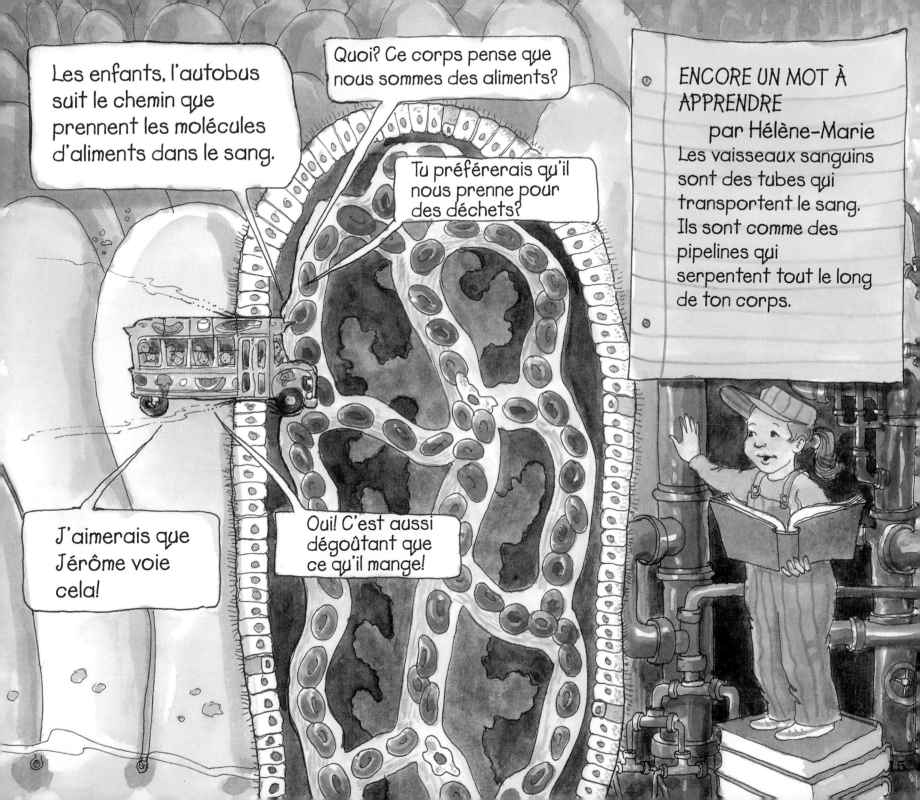

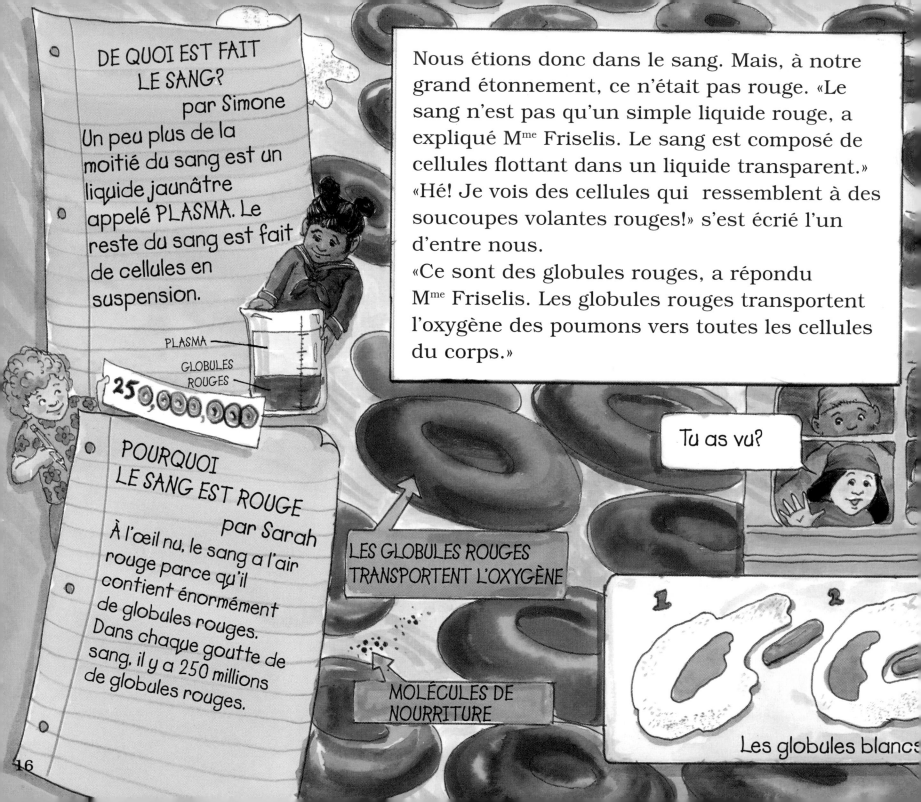

DE QUOI EST FAIT LE SANG?
par Simone

Un peu plus de la moitié du sang est un liquide jaunâtre appelé PLASMA. Le reste du sang est fait de cellules en suspension.

PLASMA

GLOBULES ROUGES

250,000,000

POURQUOI LE SANG EST ROUGE
par Sarah

À l'œil nu, le sang a l'air rouge parce qu'il contient énormément de globules rouges. Dans chaque goutte de sang, il y a 250 millions de globules rouges.

Nous étions donc dans le sang. Mais, à notre grand étonnement, ce n'était pas rouge. «Le sang n'est pas qu'un simple liquide rouge, a expliqué Mme Friselis. Le sang est composé de cellules flottant dans un liquide transparent.»
«Hé! Je vois des cellules qui ressemblent à des soucoupes volantes rouges!» s'est écrié l'un d'entre nous.
«Ce sont des globules rouges, a répondu Mme Friselis. Les globules rouges transportent l'oxygène des poumons vers toutes les cellules du corps.»

Tu as vu?

LES GLOBULES ROUGES TRANSPORTENT L'OXYGÈNE

MOLÉCULES DE NOURRITURE

1   2

Les globules blancs

En regardant derrière nous, nous avons aperçu un globule blanc qui poursuivait l'autobus. «Les enfants, nous serions plus en sécurité avec les globules rouges» a dit Mme Friselis. Elle a saisi la poignée qui permet d'ouvrir les portes de l'autobus.

«Non! Ne faites pas ça!» avons-nous crié en chœur! Mais est-ce que Mme Friselis nous a jamais écoutés? Les portes de l'autobus se sont ouvertes toutes grandes.

Ce globule blanc doit penser que l'autobus est un germe.

Pas fou, le globule! L'autobus est vraiment sale!

Nous avons été aspirés hors de l'autobus, dans le courant sanguin. «Que chacun s'accroche!» a crié Frisette. Chaque élève a saisi un globule rouge qui passait par là.
La dernière fois que nous avons vu l'autobus, il s'enfonçait dans un autre vaisseau sanguin, poursuivi par le globule blanc!

Pourquoi on n'a pas de dictées, comme les autres?

On ne s'en sortira jamais!

Ces globules rouges sont devenus tout <u>ternes</u> : ils ont besoin de plus d'oxygène.

ENTRE-TEMPS...

Oh misère! Je me suis perdu!

Pas de panique!

19

NOTRE CŒUR EST UNE POMPE
par Florence

Quand les parois des cavités cardiaques se contractent, elles pompent le sang à l'extérieur, de la même façon que tu peux faire gicler de l'eau hors d'une bouteille de plastique.

Houp!

Hé!

Poumon droit

Poumon gauche

Cœur

Ton cœur envoie le sang usé aux poumons où il reçoit de l'oxygène neuf.

POUMON DROIT

Avant d'avoir eu le temps de dire ouf, nous étions rendus dans le cœur. «Le cœur est fait de quatre cavités, deux ventricules et deux oreillettes, a dit Frisette.
Chaque cavité est une petite pompe. L'oreillette droite envoie le sang usé au ventricule droit et, de là, dans les poumons.

Vers le poumon droit

SANG USÉ PROVENANT DU BAS DU CORPS

OREILLETTE DROITE

Ayez du cœur au ventre, Mme Friselis! Sortez-nous d'ici!

SANG USÉ PROVENANT DU HAUT DU CORPS

VENTRICULE DROIT

LE SANG TOURNE EN ROND
par Christophe

Il faut moins d'une minute à ton sang pour faire le tour complet de ton corps. C'est ce qu'on appelle la circulation sanguine.

UN AUTRE MOT SCIENTIFIQUE
par Hélène-Marie

Circulation vient du latin circulus, cercle. En circulant, le sang fait le tour de ton corps.

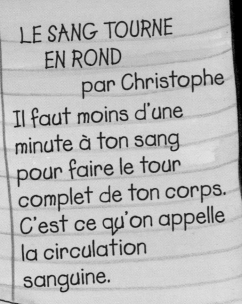

Puis, nos globules rouges nous ont ramenés des poumons au cœur. Cette fois-ci, nous étions dans la partie gauche du cœur, le côté qui envoie du sang frais vers le reste du corps.
«Les enfants, on dirait que ces globules rouges s'en vont au cerveau», nous a fait remarquer Mme Friselis.

Regarde! Quand les globules rouges reçoivent de l'oxygène, ils deviennent rouge vif.

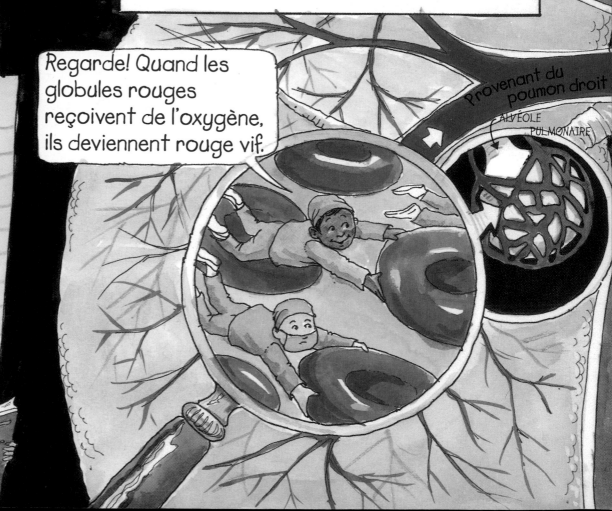

Provenant du poumon droit

ALVÉOLE PULMONAIRE

TON CERVEAU EST TOUJOURS EN ACTION
par Alexandre

Même quand tu dors, ton cerveau contrôle les battements de ton cœur, ta respiration et d'autres fonctions de ton corps.

Le cerveau n'arrête jamais de travailler.

03 h00 et toujours à l'œuvre

Lorsque nous sommes arrivés au cerveau, nous avons abandonné nos globules rouges et nous nous sommes extirpés du vaisseau sanguin. Il était difficile de croire que cette masse grise pleine de replis était le centre de contrôle du corps.

Les enfants, nous marchons sur le cortex cérébral, l'enveloppe gris rosé du cerveau. Sans lui, nous ne pourrions voir, entendre, sentir, toucher, goûter, parler, bouger ni penser!

CENTRE MOTEUR
(dit aux muscles de bouger)

CENTRE DU LANGAGE

CENTRE DE L'AUDITION

CORTEX CÉRÉBRAL
(contrôle la pensée, le mouvement et les cinq sens)

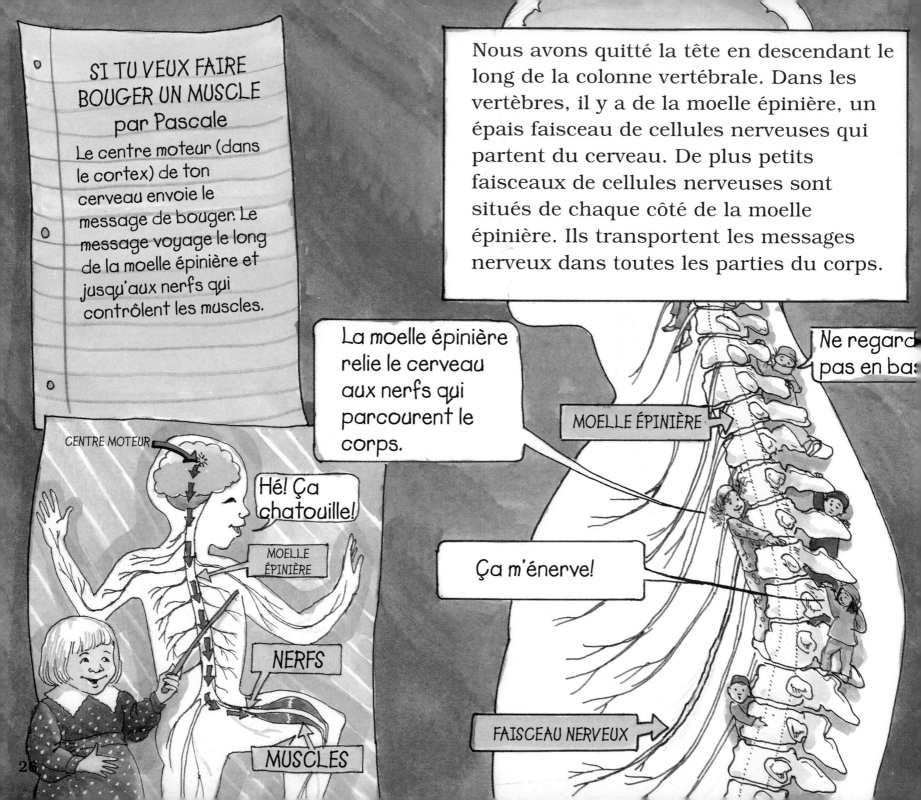

Nous avons suivi des nerfs qui se rendaient dans les muscles de la jambe. Les muscles de la jambe travaillaient fort. Ils avaient besoin de beaucoup d'énergie. Ils utilisaient beaucoup de substances nutritives et d'oxygène du sang. Le cœur battait plus vite pour transporter du sang frais aux cellules musculaires.

LES MUSCLES ACTIONNENT TES OS
par Thomas

Certains muscles sont rattachés aux os. Lorsque les muscles se contractent (raccourcissent), ils tirent sur les os. C'est ainsi que les os bougent et que toi tu bouges.

MUSCLES
OS

Les enfants, nous glissons sur un muscle. Nous allons retourner dans le système sanguin.

TERMINAISON NERVEUSE

FIBRE MUSCULAIRE

J'arriverai plus vite si je cours! (Houf! Houf!)

Je me demande où est Jérôme?

J'ai la drôle d'impression qu'il n'est pas loin.

Plus tu es actif, plus ton cœur bat vite.

POUF! POUF!

VAISSEAU SANGUIN

27

Nous sommes entrés dans un vaisseau sanguin tout près. Le sang se déplaçait si vite que nous avions peur d'être séparés les uns des autres. Mais, à ce moment précis, nous avons aperçu l'autobus qui flottait tout près de nous. Quel soulagement! Nous avons sauté à bord, puis nous sommes de nouveau passés par le cœur et les poumons, refaisant le trajet inverse.

Les enfants, nous allons sortir du corps.

Calme-toi on va rentrer bientôt.

Me calmer... quand je vois des cellules sanguines par la fenêtre?

Quand nous avons émergé du système sanguin, nous nous sommes retrouvés dans une énorme caverne.

«Où sommes-nous?» a demandé un élève.

«Les enfants, nous voici dans la cavité nasale», a répondu Mme Friselis.

«La quoi?» avons-nous demandé.

«L'intérieur du nez», a expliqué Frisette.

Soudain, nous avons entendu un son assourdissant, une espèce de «A-a-a-ah!»

On est dans un nez?

Cette fois, elle est allée trop loin!

C'est positivement dégoûtant!

Je crois que je vais éternuer...

Prends un mouchoir

POURQUOI ON ÉTERNUE

par Véronique

Si quelque chose chatouille l'intérieur de ton nez, ce chatouillement est un message pour ton cerveau. Le cerveau te fait prendre une très grande inspiration (c'est quand tu dis : «Aaaah!») puis ton cerveau ordonne aux muscles de ta poitrine de comprimer tes poumons.

L'air s'échappe à une vitesse de près de 160 km/h (c'est quand tu dis «Tchoum!»)

Puis nous avons entendu : «TCHOUM!»

Les enfants, vous entendez un éternuement.

Tout corps étranger dans votre nez peut vous faire éternuer : une saleté, de la poussière ou des bactéries.

Un autobus scolaire aussi?

Une énorme bourrasque a balayé l'autobus, le projetant vers l'avant et le faisant tournoyer à toute vitesse.

Les enfants, préparez-vous à atterrir. Restez assis jusqu'à l'arrêt complet de l'autobus.

Je dois rêver!

A-A-A-Ah-
TCHOUM!

À tes souhaits!

Nous allions si vite que nous ne pouvions rien voir, mais nous nous apercevions que nous grandissions.

Puis, nous avons atterri dans un grand «POM!»

Eh oui, nous étions revenus à l'école!

Et Jérôme était planté là, dans le parc de stationnement, en train de se moucher.

On est de retour!

Regarde!
Voilà Jérôme!

POM

32

«Jérôme! avons-nous crié. L'excursion a vraiment été étonnante! Tu as manqué quelque chose!»

Dans la classe, tout était redevenu normal. Mme Friselis nous a demandé de dessiner un schéma du corps humain pour accrocher au babillard.

LES REINS NETTOIENT TON SANG ET FABRIQUENT DE L'URINE. L'URINE EST EMMAGASINÉE DANS LA VESSIE.

REINS

VESSIE

FOIE

ESTOMAC

LE FOIE EMMAGASINE LES VITAMINES ET DÉTRUIT LES SUBSTANCES TOXIQUES. IL FABRIQUE AUSSI LA BILE, UN LIQUIDE QUI AIDE À DIGÉRER LES ALIMENTS GRAS.

NERF

VAISSEAU SANGUIN

OS

MUSCLE

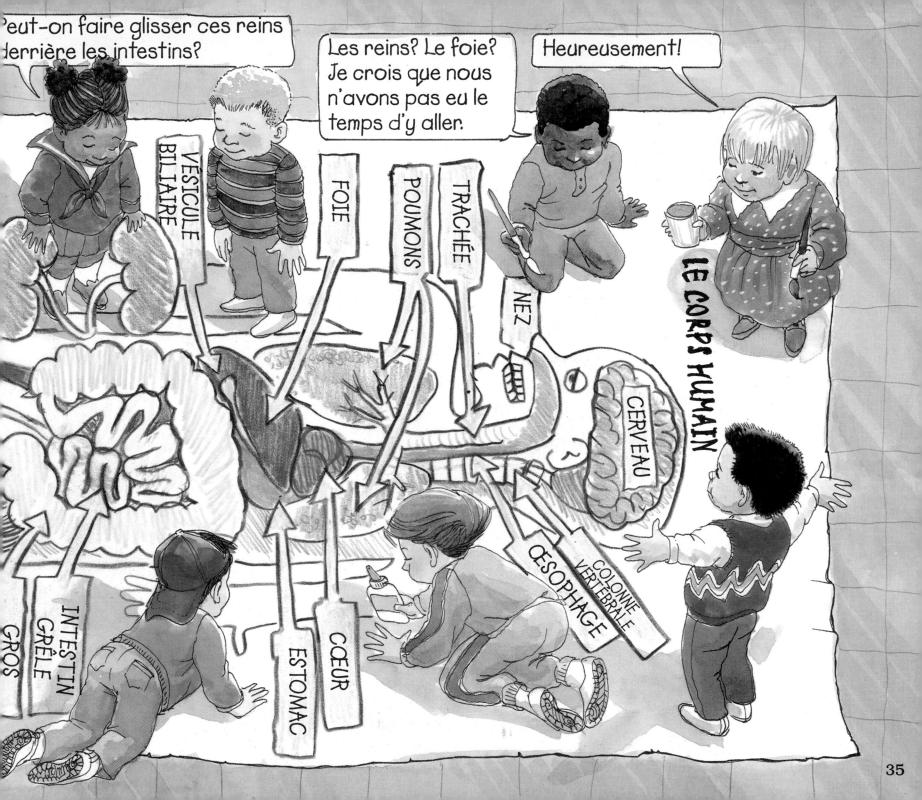

VRAI OU FAUX?

AVANT DE COMMENCER

Lis les énoncés suivants. Décide si chacun est vrai ou faux. Ensuite, vérifie si tu as la bonne réponse en consultant la page ci-contre.

QUESTIONS

1. Un autobus scolaire peut entrer dans le corps de quelqu'un et les élèves peuvent y faire une excursion. Vrai ou faux?

2. Les musées sont ennuyeux. Vrai ou faux?

3. Jérôme n'aurait pas dû essayer de revenir à l'école tout seul. Vrai ou faux?

4. Les enfants ne peuvent ni respirer ni parler lorsqu'ils baignent dans un liquide. Vrai ou faux?

5. Si les élèves étaient vraiment aussi petits que des cellules, nous ne pourrions les voir qu'à l'aide d'un microscope. Vrai ou faux?

6. Les globules blancs pourchassent et détruisent les germes des maladies. Vrai ou faux?

7. En fait, pendant tout ce temps, Mme Friselis savait où était Jérôme. Vrai ou faux?

Un instant!
Réponds à ces questions!
Alors, pas de télé, pas de collation, pas de jeu vidéo... enfin pas tout de suite!
Réponds d'abord aux questions!

RÉPONSES

1. Faux! C'est absolument impossible (même pour Jérôme). Mais l'auteur a fait semblant que cela se pouvait. Autrement, on aurait eu l'histoire d'une excursion de classe au musée, plutôt qu'un voyage à l'intérieur du corps humain.

2. Faux! Les musées sont intéressants et amusants. Cependant, on n'y vit pas d'expérience aussi bizarre et incroyable qu'un voyage dans le corps humain.

3. Vrai! En réalité, il aurait été plus sage et plus sûr de demander de l'aide à un agent de police.

4. Vrai! Si les élèves étaient réellement dans un vaisseau sanguin, ils se seraient noyés. C'est donc de la magie, tout cela.

5. Vrai! Les dessins de ce livre montrent les cellules et les enfants grossis plusieurs fois.

6. Vrai! Aussi incroyable que cela puisse sembler, les vrais globules blancs se comportent en réalité comme ceux de ce livre. Ils traversent les parois des vaisseaux sanguins pour capturer les germes dans les organes et les tissus.

7. Probablement vrai. Personne n'en est absolument sûr, mais la plupart des gens croient que Mme Friselis sait tout.

S'il te plaît, n'écris pas dans ce livre.

Merci.